MW00887717

1

Índice de contenido

9. Ejercicios.

1. La escritura de las notas.

A estas alturas, todo el mundo sabe que la música se escribe mediante "notas". Las notas son únicamente siete: **do, re, mi, fa, sol, la, si, do**, aunque pueden repetirse de forma infinita y además, al añadirle la "altura", en teoría podríamos tener notas infinitas.

La "altura", es una cualidad del sonido, junto con la intensidad, el timbre y la duración. Así, podemos decir que las cualidades del sonido son: **altura, duración, timbre e intensidad.**

Describiendo estas cualidades de un modo sencillo, podríamos afirmar que la altura, significa que tendremos la misma nota (la misma frecuencia de ondas), pero en alguno de sus múltiplos. Así, si "la" nota la tiene 440 Hz., se puede afirmar que la siguiente nota "la" en altura, tendrá 2x440 Hz., es decir, 880 Hz., y así sucesivamente. También es posible evidentemente, obtener notas inferiores a través de algún divisor. Continuando con el ejemplo de la nota "la", por ser el más frecuente, tendríamos que la nota "la" inmediatamente anterior (inferior) sería el "la 220 Hz." (440/2 Hz.).

Baste con lo anterior, a modo de introducción, simplemente para complender que la nota "la" puede tener diferentes alturas: 220 Hz., 440 Hz., 880 Hz., y así sucesivamente, y de igual modo podríamos operar con el resto de las seis notas.

En el solfeo clásico, que es que se pretende explicar en esta modesta guía, tradicionalmente se indican con: la, la', la", o bien la1, la2, la3, la4 y así sucesivamente.

En la partitura es mucho más sencilla su identificación, puesto que espacial y visualmente se observa la diferencia de altura entre ellas. A continuación puede observar un ejemplo del la 220 Hz., y del la 880 Hz.

No se preocupe por los dos signos que puede ver antes de las dos notas, se explicarán más adelante. Tampoco se preocupe de la forma ni posición, de las notas, todo ello se explicará posteriormente. Únicamente observe, que una nota está "más baja" que la otra. Eso indica que al "cantar" o "tocar" dichas notas con la voz o con cualquier instrumento, una será más "grave" (la primera) mientras que la otra será más "aguda" (la segunda).

Como ya se ha introducido en el ejemplo anterior, las notas se escriben sobre una determinada pauta, que para el caso de la música, se denomina "pentagrama", precisamente porque tiene "cinco" lineas. Bien es cierto, que los músicos profesionales, aprenden desde los primeros tiempos una definición un tanto más completa: *"el pentagrama se compone de cinco lineas y cuatro espacios"*.

¿Por qué motivo se escriben sobre cinco lineas?. Pues esa es una historia muy larga, producto del devenir histórico. Aunque en realidad, siempre y cuando sepamos situar una de las notas, sabremos inmediatamente las posición del resto de notas. Así, si conozco donde se escribe el "mi", se que inmediatamente después viene el "fa" y el anterior a él es el "re". Si conozco donde se escribe el "la", sé que la nota anterior será el "sol" y que la posterior será el "si", dado que las notas siempre están ordenadas. ¡Esa es la gran ventaja de la escritura musical!.

2. La escritura de la clave.

Pero, ¿quién me dice donde se escribe alguna de las notas?. Pues ese es el trabajo de "La clave". Elemento fundamental de la escritura musical y que como hemos visto, sirve para indicarme la posición de una de las notas y que me servirá de base para saber ordenar el resto de notas. En el siguiente ejemplo, puede observar la clave de sol en primer lugar, luego otro símbolo (el compás) y finalmente una nota sol.

La clave por antonomasia es la "clave de sol". Es la más fácil de identificar y las más utilizada en la música ordinaria. Proviene del devenir histórico (al igual que el resto de la escritura musical) e identificaba en un principio la letra "s" como inicial de la nota "sol". Como ya habrá podido adivinar, nos indica la posición que ocupa la nota "sol" y que nos permite ordenar el resto de notas en el pentagrama.

De este modo, sabiendo que hay siete notas diferentes (do, re, mi, fa, sol, la, si) y sabiendo como se ordenan, podemos escribir quizá el fragmento de solfeo más conocido en todo el planeta, **"la escala musical"**. Aquí la tiene:

Ahora ya conoce la casi todos los elementos de el anterior ejemplo: en primer lugar la clave -que nos indica la ordenación de las notas comenzando por el sol-, luego el compás que veremos a continuación, y luego las siete notas de la escala musical escritas sobre el pentagrama en sus diferentes lineas y espacios, teniendo presente que las notas se escriben aprovechando tanto las lineas como los espacios, de modo que si el sol se escribe sobre la segunda linea la nota "la" se escribirá en el siguiente espacio y así sucesivamente.

3. Las lineas adicionales.

¿Qué ocurre cuando se me terminan las lineas por arriba o por abajo y deseo continuar escribiendo notas?. Sencillamente, que puedo seguir escribiendo notas, con la pequeña salvedad de que es necesario añadirles un "pequeño fragmento" de linea para que visualmente podamos determinar de qué nota se trata. Estos pequeños fragmentos se conocen en teoría musical como "lineas adicionales". Veamos a continuación, la escala anterior, a la que además añadiremos siete notas más -otra escala- pero más aguda -más arriba-.

Como puede comprobar, las dos últimas notas están "por encima" del pentagrama y por tanto se le han añadido dichos pequeños segmentos para que podamos observar si se encuentra la nota en una linea o en un espacio. Como solamente es necesario un fragmento de linea (en adelante "linea adicional") para determinar de qué nota se trata, no será necesario escribir dos líneas adicionales en la última nota, aunque se encuentre en un espacio. Si todavía no lo ha adivinado, las dos últimas notas del ejemplo anterior son "la y si" respectivamente.

Veamos ahora, el ejemplo anterior ampliado, al que le añadiremos la escala inmediatamente inferior:

Como habrá podido deducir, ahora tenemos tres escalas: *do, re, mi, fa, sol, la, si,* que se repiten en tres alturas diferentes. Evidentemente el proceso puede repetirse infinitamente, aunque las notas que observa en el ejemplo anterior, son las más usuales.

4. Las distintas claves.

Ahora bien, el problema de que existan numerosos instrumentos que utilizan con frecuencia notas graves mientras otros utilizan con frecuencia notas muy agudas, llevo a que se facilitase la lectura de las partituras mediante la introducción de nuevas claves. Trate por ejemplo de leer -identificar las notas- este fragmento:

¡Bastante engorroso!, ¿no?. Hasta para los más experimentados músicos supone una dificultad el tener que ir "contando" las líneas adicionales de cada nota para averiguar de qué nota se trata. Además conlleva el peligro de equivocarse al identificar la nota, mucho más si se trata de melodías rápidas. En escritura musical, se trata de simplificar las cosas al máximo, aunque al neófito pueda le pueda parecer una escritura muy complicada en un principio.

Como decíamos anteriormente, el método para simplificar esas partituras con numerosas notas en lineas adicionales, pasa sencillamente por un "cambio de clave". Existen dos claves más que se denominan respectivamente "clave de fa" y "clave de do" y que se utilizan con cierta frecuencia para las composiciones para ciertos instrumentos. Es habitual, por ejemplo ver partituras de piano en las que el pentagrama superior muestra las notas a ejecutar con la mano derecha en clave de sol, mientras que el pentagrama inferior muestra las notas a ejecutar con la mano izquierda en clave de fa. Veamos un ejemplo:

Aquí puede ver las tres claves más usuales y la correspondencia de las alturas entre ellas.

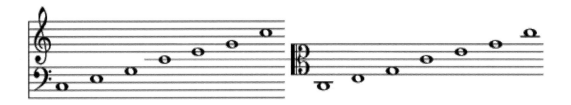

Veamos ahora, un ejemplo de una misma partitura (fragmento) en dos claves diferentes de acuerdo con la correspondencia del ejemplo anterior:

Podemos comprobar que se trata de las mismas notas, es el mismo fragmento y las notas tienen la misma altura, pero resulta evidente que la parte escrita en clave de fa, resulta de fácil lectura mientras que el fragmento escrito en clave de sol no lo es tanto.

Para terminar, veamos **la escala musical** en las tres claves más usadas:

5. las lineas divisorias.

Las obras largas presentan una particularidad especial, tanto para los intérpretes como para los compositores de las mismas. Cuando hay que indicarle al intérprete en qué punto debe hacer algo, ¿cómo se lo indicamos?. ¡Por favor, señor pianista, repita usted desde la nota 3.217!. ¡Imposible!. Tanto el ejecutante como el director o el compositor no podrían estar constantemente contando notas, además con el consiguiente peligro de equivocarse en el recuento. Se hace evidente, que las obras deben agruparse de otro modo que simplifique el proceso de identificar partes de la misma.

El primer paso para realizar ese proceso de división en partes, consiste en "asignar un compás". Este compás, indicará como vamos a dividir la obra, y toda ella quedará dividida en partes iguales de acuerdo con la medida indicada por el compás.

En los ejemplos anteriores ya lo hemos visto, pero vamos a verlo un poco más despacio con el siguiente ejemplo:

9

Como podemos comprobar, el ejemplo consta de 12 notas divididas en cuatro compases de tres notas cada una. Los números en forma de fracción que podemos ver inmediatamente después de la clave de sol se denomina efectivamente **"compás"** y el compás consta, evidentemente de dos cantidades: la superior (3 en nuestro ejemplo) indica en cuantas de dichas cantidades se divide el compás y se conoce en teoría musical como unidad de compás, mientras que la cifra inferior (4 en nuestro ejemplo) indica la "unidad de tiempo". Las unidades de tiempo son:

1=Redonda, 2= Blanca, 4=Negra, 8=corchea, 16=semicorchea, 32=fusa, 64=semifusa.

No se preocupe si de momento le suena a chino, enseguida entraremos en materia, pero para ello debemos seguir con el ejemplo anterior.

Pues bien, observando únicamente el valor superior (3) vemos que tenemos que dividir las notas de 3 en 3 y para ello, cada tres notas sencillamente dibujas una "linea" divisoria. La **linea divisoria** es la linea vertical que atraviesa el pentagrama desde la primera a la última linea separando las notas en grupos. Evidentemente cada grupo -en principio- tendrá tantas notas como indique la unidad de compás (el numerador, para entendernos).

Todos los ejemplos que hemos visto hasta ahora, tienen un tipo de notas que denominamos **"negras"**. Sencillamente porque son de color negro y llevan un palito (**plica**) en su lateral derecho o izquierdo (dependiendo de si están en la mitad inferior o superior del pentagrama).

Supongamos que se dispone a escribir una pequeña canción y que le piden que las separe de cinco en cinco. Pues así de sencillo (en realidad es bastante más complicado, pero para empezar y como ejemplo puede servirnos): dibujaríamos la clave en primer lugar, y luego un compás de 5/4. como ya hemos dicho, el 5 indica que vamos a dividir las notas de cinco en cinco y el cuatro que se tratará de negras.

Aquí nuestro ejemplo:

¡Que bonita obra nos ha quedado!. Pero al interpretarla..¡Oh!. Queda un poco monótona, un poco aburrida. ¡Claro! Si es que la música necesita que las notas tengan distintas **"duraciones"** para que la música se entretenida.

6. Los valores de las notas.

Es por eso que en un párrafo anterior, habíamos indicado que las notas -en principio- se dividen en distintas duraciones atendiendo a las siguiente denominación:

Redonda, Blanca, Negra, Corchea, Semicorchea, Fusa y Semifusa.

Hasta aquí siempre hemos venido defendiendo que las definiciones que íbamos presentando eran bastante sencillas, pero aquí hemos de reconocer que se complica un poco el tema.

Se considera que la Redonda tiene una duración de "Cuatro tiempos", la Blanca de "dos tiempos", la Negra de "un tiempo", la Corchea de "medio tiempo", la Semicorchea de "un cuarto de tiempo", la Fusa de "un octavo de tiempo" y la Semifusa de "un dieciseisavo de tiempo". De forma más simple:

Redonda=4 tiempos.
Blanca=2 tiempos.
Negra=1 tiempo.
Corchea= ½ tiempo.
Semicorchea=1/4 tiempo.
Fusa=1/8 tiempo.
Semifusa=1/16 tiempo.

Es posible que todavía no tenga muy claro el significado de tiempo. Es un concepto que se irá viendo posteriormente, pero de momento tenga presente que es una valor medido en unidades que son siempre iguales para cada valor de nota, pero que a su vez es relativo en cuanto a su duración. Es una forma de tomar una unidad (tiempo) estable de forma que pueda realizarse la obra más rápido o más despacio. Dicho de otro modo, una nota blanca dura dos tiempo ¡siempre!. Ahora bien, otra cosa es la velocidad que le demos a esos dos tiempos. La medida de los tiempos es necesaria para hallar la relatividad de cada una de las notas y sus duraciones. Siguiendo con el ejemplo anterior, sabemos que una blanca dura dos tiempos y que una negra siempre dura un tiempo. De este modo, si aceleramos la obra al doble de velocidad, la blanca durará la mitad y a su vez la negra también durará la mitad.

7. Los tiempos de las notas y la velocidad de las obras.

Sí, ya sabemos que en principio parece un concepto bastante complejo, pero en realidad es muy sencillo en la práctica y muy útil para dotar a una obra de la velocidad que deseemos sin tener que reescribir ni una sola nota de la obra. Veamos uno ejemplos. En el siguiente ejemplo, todas las notas son negras y por lo tanto, tienen cada una una duración de un tiempo. Si siguiésemos el ritmo con el pie, como hacemos normalmente al escuchar cualquier canción, a cada pisada correspondería una nota. Si damos palmadas, evidentemente cada nota corresponde a una palmada.

Ahora imaginemos que queremos ejecutar la obra más rápido, recurriendo exclusivamente al concepto de tiempos. Es evidente que la nota inmediatamente inferior en tiempo a la negra es la corchea y por lo tanto todas las negras deberían ser sustituidas por corcheas. El ejemplo anterior quedaría:

Como vemos ahora toda la obra dura la mitad de tiempo y por lo tanto, va el doble de rápido. El primer problema que encontramos, evidentemente es que el último compás queda incompleto, puesto que estamos en compás de 4/4 y deberían completarse con cuatro negras o en su defecto con notas cuyos tiempos sumen el valor de cuatro negras. Para el primer compás: 1/2+1/2+1/2+1/2+1/2+1/2+1/2+1/2=4, pero para el segundo compás: 1/2+1/2+1/2+1/2=2 y, por tanto nos faltan dos tiempos completos.

Veamos un segundo ejemplo y percibiremos la complejidad del tema a la hora de tener que reescribir todas las notas de una obra, únicamente para cambiar su velocidad. Veamos el siguiente ejemplo:

Ahora tratamos de darle doble velocidad, cambiando los valores de las notas:

Como vemos, la lectura de obra se complica bastante, además de que tenemos el mismo problema con los compases incompletos y otros problemas de tiempos fuertes y débiles que se verá posteriormente. Pues bien, ahora imaginemos una obra con muchísimas páginas. Rápidamente se comprende que la solución no puede pasar por cambiar el valor de las notas, sino sencillamente en cambiar la velocidad de la obra completa. Tradicionalmente se ha venido haciendo con las palabras italianas (técnicamente denominados *signos de dinámica*) que se han hecho por todos conocidas como:

De menor a mayor velocidad, según la propia Wikipedia:
- ***Larguisimo****: muy muy lento (menos de 20 ppm)*

- *Largo: muy lento (20 ppm)*
- *Lento: lento (40 a 60 ppm)*
- *Grave: lento y solemne (≈40 ppm)*
- *Larghetto: más o menos lento (60 a 66 ppm)*
- *Adagio: **lento** y **majestuoso** (66 a 76 ppm)*
- *Adagietto: un poco lento (70 a 80 ppm)*
- *Tranquillo: tranquilo.*
- *Andante: al paso, tranquilo, un poco vivaz (76 a 108 ppm)*
- *Andante moderato: con un poco más de celeridad que el Andante.*
- *Andantino: más vivo que el andante moderato. Sin embargo, para algunos, significa menos vivo que el Andante.*
- *Moderato: moderado (80 a 108 ppm)*
- *Allegretto: un poco animado. En algunas piezas, sin embargo, se toca como Allegro y en otras como Andante.*
- *Allegro: animado y rápido. (110 a 168 ppm)*
- *Vivo: rápido y vivaz*
- *Vivace: vivaz.*
- *Presto: muy rápido (168 a 200 ppm)*
- *Prestissimo: muy muy rápido (más de 200 ppm)*

La solución, evidentemente pasa por definir un tiempo al principio de la obra que marcará la velocidad. Veamos un ejemplo. El primer ejemplo, en andante:

El segundo ejemplo, en "presto":

Como podemos adivinar, la primera es aproximadamente el doble de lenta que la segunda o dicho a la inversa, la segunda sería aproximadamente el doble de rápida que la primera. Y para ello, no hemos cambiado ni una sola nota y, además, las relaciones entre las notas de cada ejemplo negras, corcheas, etc.,. se mantienen.

Veamos ahora un ejemplo con todos los valores de notas vistos hasta ahora: *redonda, blanca, negra, corchea, semicorchea, fusa y semifusa.*

8. La escritura de las plicas.

Como hemos visto hasta ahora. Casi toda la escritura musical sigue una evolución histórica que en la mayor parte de las ocasiones es fruto de una necesidad. Unas consecuencias que llevan a otras y unas necesidades de escritura o de mayor facilidad de lectura que obligan a adoptar diferentes formas y criterios de las notas para facilitar su aprendizaje. Esta facilidad de lectura es uno de los motivos de la inclusión de los corchetes.

Como sabemos, la redonda no leva plica (el palito vertical a la derecha), pero a partir de la blanca, todas las demás llevan plica. Con la finalidad de que la mayor parte de la plica quede siempre dentro del pentagrama y no dificulte la lectura del resto de pentagramas, la plica se escribe *arriba y a la derecha* hasta llegar a la nota "si" -o nota central del pentagrama- y a partir de esa nota se escribe *a la izquierda y hacia abajo.*

Veamos dos ejemplos. En el primero, las notas están separadas, es decir, cada una con su plica y su corchete. El corchete es el lazo que nace desde el extremo de la plica. Lógicamente, la corchea lleva un corchete (lazo) la semicorchea lleva dos y así sucesivamente.

Pues como se comentaba en el párrafo anterior, todavía existe otro modo de facilitar la lectura, y se trata ni más ni menos que de unir esos corchetes en uno sólo de modo que las notas queden agrupadas.

Veamos el mismo ejemplo que el anterior, pero con los corchetes agrupados.

Se puede comprobar que se facilita bastante la lectura de las notas.

Pues bien, todo lo anterior, que aunque la parezca mucho, es más bien poco, con respecto a toda la variedad casi infinita de agrupaciones, plicas, corchetes, alteraciones, barras, repeticiones, signos, claves, notas, valores, signos dinámicos y agógicos y etc., que hacen de la escritura musical (tradicional solfeo) un increíblemente completo sistema de escritura de los sonidos. Un bellísimo sistema capaz de hacer que infinidad de músicos interpreten simultáneamente las más bellas obras concebidas por el hombre.

Si le parece complicado, no desespere, al igual que cuando se aprende un idioma, se trata de un proceso lento y gradual que deberá ir fijándose con la repetición, la variación y el tiempo. No será capaz de leer obras complicadas en un primer momento, pero en pocas semanas será capaz de leer obras sencillas y de comprender los fundamentos de la lectura musical. Lo demás, llegará con el tiempo.

Esperamos que los siguientes ejercicios propuestos le guíen sin mucha dificultad.

Los silencios se escriben del siguiente modo:

1. Ejercicio 1.

Usted, deberá leerlo del siguiente modo:

do re mi fa sol la si do do si la sol fa mi re do

Es muy conveniente que para cada nota, al mismo tiempo que dice la nombre de la misma, dé un golpe con el pie o un golpe con la mano sobre cualquier superficie. Puede servir como velocidad inicial de lectura la de las agujas de los segundos del reloj. Cada segundo debe decir una nota (evidentemente esto equivale a una velocidad de negra=60).

Usted deberá leer:

do mi sol si sol si do si do si sol mi do do do do

Ahora, deberá realizar los siguientes ejercicios de forma autónoma:

3. Ejercicio.

4. Ejercicio.

5. Ejercicio.

6. Ejercicio.

7. Ejercicio.

8. Ejercicio.

9. Ejercicio.

10. Ejercicio

11. Ejercicio.

12. Ejercicio.

13. Ejercicio.

14. Ejercicio.

Es conveniente que marque los mismos con el pie, con la mano, o bien que cuente "uno, dos" mentalmente cada vez que lee una de ellas.

15. Ejercicio.

16. Ejercicio.

17. Ejercicio.

22

18. Ejercicio.

19. Ejercicio.

20. Ejercicio.

21. Ejercicio.

22. Ejercicio.

23. Ejercicio.

24. Ejercicio.

25. Ejercicio.

26. Ejercicio.

27. Ejercicio.

28. Ejercicio.

29. Ejercicio.

30. Ejercicio.

Ejercicios del **próximo Tomo**:

1. *Corcheas y silencios de corchea.*
2. *Síncopas.*
3. *Semicorcheas.*
4. *Corcheas y semicorcheas enlazadas.*
5. *Ligadura.*
6. *Silencios de redonda, blanca, negra, corchea y semicorchea.*
7. *Puntillo de redonda, blanca y negra.*
8. *Repaso de ejercicios anteriores.*

Made in the USA
Columbia, SC
03 December 2023

27627103R00015